AF462347

MEMENTO POLITIQUE.

*

SCEAUX. — IMPRIMERIE DE E. DÉPÉE.

*

MEMENTO POLITIQUE

PAR

le Prince de C.....

PRIX : 2 FR.

PARIS
P. DELAVIGNE, ÉDITEUR,
8, RUE DES BEAUX-ARTS.

1844

ENVOI

à M......

MON CHER AMI,

Voici, sous le titre de *Memento politique,* quelques réflexions que m'ont inspiré des débats récents qui ont retenti à la tribune et dans la presse. — Vous savez comment et pourquoi j'ai entrepris ce travail. J'ai voulu être utile, et la vérité dans les questions vitales de nos sociétés a été le seul but de mes recherches.

Je me suis efforcé d'être clair, et pour être concis, j'ai dû supprimer beaucoup de détails; non que je me dissimule combien le titre que j'ai choisi peut comporter de développements plus considérables, mais, pour être lu par le plus grand nombre, je ne pouvais assigner à ce formulaire ou catéchisme politique, qu'une étendue assez restreinte. Voilà pourquoi j'ai élagué tout ce qui était d'une moindre importance, tout ce qui eût exigé de l'érudition plutôt que du raisonnement.

Sans doute il eût été possible d'approfondir des questions que l'on me reprochera peut-être d'avoir seulement effleurées, mais, outre que pour la plupart d'entre elles ce travail est déjà fait, et d'une façon très remarquable, il est encore à craindre que ce second ordre de développements ne spécialise trop, et ne rende l'ensemble moins facile à saisir.

Qu'on ne dise pas que je me suis associé de gaîté de cœur à des perspectives désolantes! l'erreur serait complète. Les nécessités avaient empreint leur sceau de fer sur mon esprit, bien avant que ne vînt la résignation. Je puis dire encore qu'une perspective, si sévère qu'elle soit au premier abord, perd toujours beaucoup de sa rigueur quand on y habitue ses regards. Et, d'ailleurs, si quelqu'un pouvait croire que j'énonce tout au moins des vérités nuisibles à répandre, que celui-là rentre en lui-même, et qu'il déclare en face de sa conscience que son individualisme politique n'est pas la cause des réticences qu'il conseille.

Il est une autre accusation dont je crois superflu de me défendre : celle du *fatalisme politique*. Rien n'est plus éloigné de mes idées, rien n'est plus opposé au sentiment du devoir ; et on se convaincra en me lisant que, si je suppose la loi des faits prépondérante, je n'en appelle pas moins tout individu à modifier par ses efforts ce que leur marche peut avoir de nuisible, quelque petite que soit la part d'action dont il dispose.

Enfin, mon ami, vous vous souviendrez que dans ce travail, tout ne s'adresse pas également à tous. Il est, dans le monde où nous vivons, des esprits honorables, des convictions profondes qui raisonnent peu et qui ne doutent point. Tout en respectant leur fidélité, je cherche parfois plus spécialement à provoquer en eux un scepticisme rationnel qui, en affermissant leur jugement, puisse leur concilier l'estime publique, et raffermir leur position dès longtemps ébranlée. Voilà pourquoi je reviens çà et là à des propositions qui pour nous sont désormais des axiômes au-dessus de toute discussion. Malgré tout, la logique a sur mon esprit une puissance absolue, et je crois avoir prouvé par cet écrit même, qu'une fois les prémisses admises, je ne recule jamais devant la conséquence.

P[ce]. de C...

Paris, mars 1844.

CHAPITRE PREMIER.

INTRODUCTION *.

---

pposition et reté des juge- ts touchant événements itiques du

Il y a maintenant quatorze ans que nous avons assisté à l'un de ces bouleversements politiques capables de faire leçon dans l'histoire.

Reportons-nous à cette époque; rappelons nos souvenirs.

Beaucoup d'existences étaient brisées. Victime de la catastrophe ou tremblant pour l'avenir, cha-

* Cette introduction s'adresse particulièrement aux partisans de la légitimité. Ayant vécu parmi eux, j'ai pu apprécier leurs idées, leurs convictions, leurs répugnances. Cette publication n'est pas seulement un hommage à la vérité, c'est l'œuvre du plus pur dévouement dont je puisse leur donner la preuve.

cun dévorait avec avidité le présent. Si l'on jetait les yeux en arrière, c'était moins pour y puiser des leçons que pour gémir de ce que l'on avait perdu; on cherchait partout des excuses, et l'on avait besoin de remèdes. Chacun, suivant sa position, se hâtait de relever une cause occasionelle dont il avait été particulièrement frappé. « La catastrophe, disait l'un, résulte de l'impéritie des hommes, de l'abandon de toute précaution militaire; on devait augmenter les postes, éviter la guerre de rues, etc... Au dire d'un autre, il aurait fallu ne pas violer la Charte. Un troisième ajoutait qu'un pareil événement n'avait rien qu'il fût permis de prévoir, rien à plus forte raison qui pût être évité. » Et puis alors, « il n'y a plus de foi politique dans la Nation, plus de gouvernement possible: Qui s'opposerait désormais à la violence des masses? Le secret de leur force leur a été révélé..... » Que sais-je? qui de nous n'a trop entendu de choses pareilles après la Révolution de 1830? Pendant trois ou quatre ans, elle fit à elle seule, dans un certain monde, le sujet de toutes les conversations.

Fausses analogies dont l'esprit s'empare, et qui deviennent quasi proverbiales.

Au milieu de ce désordre, certains esprits de bon augure savaient encore se promettre un revirement prochain, un retour aussi prompt que la chute; mais ils se voyaient étouffés par la masse de ceux qui, jetant un coup-d'œil amer sur la situation présente, prononçaient la dissolution immédiate de la société contemporaine, voyaient au-dedans l'anarchie, au-dehors et à leurs portes l'invasion des peuples du Nord engloutissant, comme au temps des Romains, les débris d'une civilisation corrompue. « La division, la faiblesse et l'agonie sont, disaient-ils, notre unique partage. Tous les gouvernements passés ont laissé derrière eux de vieux souvenirs et des serviteurs affidés comme autant d'éléments de trouble pour l'avenir. Les chutes dont on a gémi facilitent les revirements temporaires, et préparent des catastrophes de plus en plus fréquentes. Nous touchons à notre bas empire! »

Parmi tous les arguments et tous les aveux d'impuissance, ce dernier a peut-être obtenu le plus de cours et de faveur. Voyons donc s'il peut soutenir le moindre examen; voyons si en adoptant ce langage on n'a pas négligé des différences plus saillantes mille fois que ne l'étaient les analogies lointaines dont l'imagination se frappait.

Rome a péri, cela est vrai, victime d'une longue corruption sociale; mais que de causes étrangères ont coopéré à sa chute! La première de toutes fut son extension même et l'exaltation de sa puissance. Centre unique de civilisation, c'était par la civilisation qu'elle parvenait à maintenir le réseau de ses conquêtes. Mais, il est de l'essence de la civilisation de ne point demeurer stationnaire, d'égaliser à la longue les forces sociales, et de soustraire à la puissance des vainqueurs civilisés, les vaincus qui se civilisent. D'ailleurs, plus le réseau dominateur s'étendait, plus ses ressorts s'affaiblissaient par le seul fait de leur extension. Sur ses limites reculées, le colosse venait se heurter contre des hordes innombrables qui l'entouraient dans tous les sens et devaient un jour l'étouffer sous leur multitude; à travers tout cela, le développement excessif de la puissance militaire menaçait l'intérieur, des armées pouvaient donner la pourpre, et l'on s'acheminait par degrés vers l'époque où l'empire serait mis à l'encan par des soldats.

Je ne vois ici rien de pareil. Je vois dans la France une nation en prospérité croissante au milieu de nations lentement civilisées comme elle. A l'extérieur, elle n'est point menacée, et d'ailleurs son existence politique ne peut être compromise sans ébranler un vaste système d'équilibre séculairement constitué. A l'intérieur, des germes démocratiques fermentent.

Et c'est là, m'assure-t-on, notre gangrène sociale. Là-même, on me replace en face de lieux communs sans cesse rebattus. « La République, dans un état comme la France, ne peut être que l'anarchie. Il ne faut plus rien attendre de grand d'un pays voué à ce principe. D'ailleurs, nous avons déjà fait un essai, Dieu sait ce qu'il nous a coûté..... »

Si, pour étayer de pareilles idées, on veut encore évoquer les Romains, et voir dans Rome agrandie la proie incessante de factions perpétuelles, je crois être fondé à dire que l'on va chercher au loin des arguments contre soi-même. Qu'était-ce que Rome sous les rois? Un fort petit État qui dût dès-lors au principe électif une prospérité et une force croissante sous des monarques d'un grand caractère. Elle ne put tenir deux cent cinquante ans sous leur sceptre, et lorsqu'elle les eut renversés, elle ne commença pas à déchoir. Suivons en quelques mots l'histoire de sa Constitution. Une révolution précipite le trône. Le Sénat et le peuple y concourent. L'aristocratie des patriciens domine, mais la démocratie fermente. Moins de trente ans après l'expulsion de Tarquin, le peuple obtient ses tribuns. Il s'irritait de voir les deux consuls choisis dans les rangs aristocratiques. Cinquante ans plus tard, il obtient ses décemvirs, et l'abus que ceux-ci font de leur pouvoir fut peut être une réaction favorable au Sénat conservateur. Un siècle n'est pas écoulé que le peuple s'agite de nouveau. Il obtient quc l'un des consuls puisse être tiré de son sein. Il demandait davantage. Et pendant tout ce temps, Rome s'agrandissait. L'état social n'y était pas en décrépitude. Elle s'affermissait comme la reine de l'Italie pour s'élancer à la conquête de l'univers.

En face de pareils faits, qui donc oserait dire que Rome fut étouffée ou paralysé sous les germes démocratiques? qui voudrait affirmer que la grandeur d'un état décide impérieusement de ses formes, qu'un vaste corps politique n'a d'avenir que sous le régime de la monarchie, et repousse péremptoirement toute constitution fédérative? Et lorsque l'on voit en effet les états les plus brillants des temps historiques commencer sous des rois, s'élever à l'état démocratique, atteindre sous ce régime l'apogée de leur grandeur et déchoir sous le sceptre des despotes, n'est-il pas à propos de se demander. si le pouvoir d'un seul n'est pas le mieux adapté à l'enfance comme à la décrépitude des sociétés, le gouvernement tempéré à leur adolescence, et la forme fédérative ou républicaine à leur virilité?

Quant à l'essai de république par lequel nous avons déjà passé, on en tire un argument sur lequel la suite de cet écrit viendra peut-être éclairer suffisamment l'esprit du lecteur. Je suis bien loin de décliner tout ce qu'il a de redoutable, et je m'efforcerai d'y répondre.

écessité de se-r toute in-ce de parti juger saine-t des choses.

Les questions de formes gouvernementales sont les grandes questions de l'époque. Ce sont celles qui méritent notre examen, qui sollicitent même notre concours. C'est devant elles qu'il faut de toute nécessité dépouiller le manteau des partis, et quitter le terrain de nos vieilles disputes, de nos conflits mesquins et stériles. C'est pour elles qu'il faut reprendre les traces historiques qui nous conduisent à l'état actuel. Nous voyons à ce point de vue notre France et les divers états de l'occident de l'Europe hériter de quelques débris de la civilisation romaine, se constituer lentement et subir, à part ces commencements informes, toutes les phases d'une civilisation spontanée. Nous les voyons successivement reconnaître un pouvoir militaire unique, puis la féodalité. Nous les voyons enfin avec la marche des siècles subir l'abus du pouvoir religieux, l'excès de la puissance des papes, l'influence des croisades et des guerres de religion, puis l'émancipation provoquée par le protestantisme. Une autre période nous montre les mœurs adoucies par la naissance des lettres et des arts ; elle prépare l'époque actuelle où le développement de l'esprit philosophique engendre les révolutions dont nous sommes témoins.

Tels sont les principaux faits qui caractérisent notre civilisation moderne : ce sont des bases propres à la juger.

Mais ces révolutions qui surgissent de tous côtés sont le plus terrible fléau social ; elles épuisent le corps politique, elles engendrent des réactions sanglantes ; tandis que par l'œuvre des siècles les nations se dessinent dans leurs proportions naturelles et permanentes, elles jettent au milieu des nations même, des éléments de discorde qui s'opposent à leur grandeur. Des partis naissent et s'agitent, le corps social se morcelle, s'affaiblit et se tourmente. Et voilà précisément le mal qui fait invoquer le remède. Ce torrent est-il de nature à recevoir des digues? peut-on diriger son cours de manière à porter vers un but utile des efforts qui s'introduisent et des tendances qui s'égarent? C'est ce que j'examinerai dans le courant de cet écrit.

Ici je pose les questions et je ne les résous pas. Je me contente de m'élever contre toute pétition de principe, ou toute décision imposée. Je demande qu'on me lise jusqu'au bout, quelqu'effort que l'on ait à faire pour surmonter certaines répugnances. Nulle part je ne repousse les faits, mais je veux les opposer en ce qu'ils ont de contradictoire, et juger en connaissance de cause. Que si dès à présent quelqu'un vient me dire avec l'assurance du droit et de la conviction : « Mais cette digue que vous cherchez, la Restauration vous l'offrait. C'est le retour à cet ordre de chose qui peut encore vous sauver ; elle seule aurait la force en sa main et le pays en sa faveur ; elle seule répond au vœu de la nation, elle est au fond de ses tendances : souvenez-vous de quelle ivresse avait été accompagnée son retour ; rappelez-vous de quelle manière, après dix ans encore, on avait accueilli l'avénement de Charles X ; rappelez-vous la prospérité de ces belles années, les aveux des libéraux, de ces fameux comédiens de quinze ans, etc..... » Je n'ai garde de le suivre dans des jugements précipités. Quelle part ferai-je à ceux qui me diront avec le même fond de vérité : « Oubliez-vous les murmures que provoquaient dans la classe moyenne ce gouvernement et ses ministres *. Oubliez-vous le déchaînement de la presse, le discrédit des feuilles royalistes, la profusion et la faveur de celles de l'opposition. Ce sont pourtant là des expressions de l'opinion publique ? » Entre deux jugements si opposés, je me placerai franchement sur le terrain du doute, et j'examinerai si parfois il ne serait pas advenu que la Restauration ait été un besoin du pays par le fait d'une réaction provisoire, d'une réaction qui en fît un jour l'ancre de salut de l'état social, tandis qu'au fond, ses principes ne coïncidaient pas avec les tendances permanentes de la nation. On pourra dire alors si la révolution de Juillet a été un incident politique, un fait isolé sans consistance, ou si ce fait n'était

* Vers les dernières années de la Restauration, il était impossible de ne pas être frappé de la fermentation des têtes. La question politique et religieuse était partout, elle s'agitait presque inévitablement entre deux personnes qui s'abordaient sans se connaître, et les amis du pouvoir d'alors ont pu être frappés et inquiétés de ces symptômes.

pas en dehors de ce qu'on aurait pu prévoir ou empêcher.

Mais déjà même ce langage va paraître à quelques esprits une sorte de blasphème. Que ceux-là sont loin de leur époque et des leçons qu'elle veut leur donner ! Partout elle presse dans la voie du doute rationnel, partout elle oblige à s'inscrire contre toute opinion faite à l'avance, contre tout parti pris. De tous nos préjugés traditionnels, elle n'a rien respecté, pas même l'honneur chevaleresque qui en fut le dernier vestige, et dont nos pères écoutèrent la voix quand ils allèrent servir leurs princes contre leur pays... Or, ont-ils pu douter du principe, alors qu'ils n'ont pas reculé devant ses conséquences extrêmes ? D'autres pourtant, seront-ils moins fondés à nous dire ici : « Jamais un Français n'a dû porter les armes contre sa patrie; l'honneur lui en faisait une loi. » Et cela est au moins plausible. Pour qui donc faut-il nous prononcer? On doit rendre justice à tous les nobles sentiments : le sentiment qui repoussa la guerre civile n'a pas besoin d'excuse; celui qui arma nos pères fut l'habitude du dévouement, qui, personnifiant les affections, leur fit voir leur patrie dans les membres de la famille du roi.

Les mots même dans notre société héritent, après les actes, de l'incertitude de ses tendances. Le nom de *révolutionnaire* serait une insulte aux uns ; les autres s'en font un titre de gloire. Et cependant, ne vivons-nous pas tous en société ? L'époque a ses exigences, il faut savoir s'y plier ; le faire avec mesure, bien comprendre le mouvement social, repousser de toutes ses forces tout ce qui peut individualiser les positions, et par suite, dans une ère de bouleversement comme la nôtre, causer des embarras, tel est le devoir du citoyen. S'il était bien compris, nous ne verrions ni ce nouveau caractère politique qui, se fondant sur l'égoïsme flatte tous les gouvernements qui se succèdent, ni ce caractère bien plus noble sans doute mais également en dehors du vrai qui cherche dans l'isolement la consolation de ses peines, ni d'autres encore qui pieusement fatalistes se courbent sous des nécessités auxquelles ils se résignent à l'avance, sans que la société recueille le moindre fruit de leur vaine résignation.

J'ai voulu dire un mot de ce que l'on appelle la *plaie de notre époque*. Le besoin de la vérité jaillit de cette peinture. Livrons-nous donc à sa recherche. Il faut interroger le passé, mais non de cet interrogatoire stérile qui se borne à quelques années où nous avons vécu sans secousse, et pour ainsi dire dans l'ivresse constante du triomphe. Il faut remonter plus haut ; il faut étudier tous les âges. Que si l'on dédaigne de le faire, on se trouve partout environné de ces langes politiques qui, de la conduite publique, font une affaire de caste, de profession et de province. Le point de vue de haute impartialité désirable serait celui d'un esprit juste et réfléchi qui, tombant au milieu des partis et n'ayant aucun lien social, instruirait sans prévention leur procès et conserverait son libre arbitre. Ce serait aussi celui d'un historien parfait qui nous ayant retracé l'époque où il a vécu, nous laisserait, à la fin de son ouvrage, dans la plus complète incertitude, tant sur sa propre patrie que sur la classe à laquelle il aurait appartenu, ou sur la religion qu'il aurait professée. Ce point de vue même est celui où nous savons très bien nous placer relativement aux faits de l'histoire ancienne, alors qu'éloigné du théâtre et n'étant ni Perse, ni Grec, ni Romain, ni Carthaginois, nous portons sur les masses principales et les causes secondes, une appréciation libre de toute influence personnelle, et de tout préjugé.

Les faits sont l'expression positive de l'état social.

Eh bien! que faisons-nous alors? Nous prenons les faits pour ce qu'ils sont et nous en faisons surgir les causes avec une confiance pour ainsi dire absolue ; c'est-à-dire que si un auteur du plus grand talent prenait alors à tâche de vous dire : « Il se préparait sur la scène politique des événements tout contraires à ceux que vous voyez se produire : ceux-ci ont été accidentels ou surprenants, la force était là où vous voyez la défaite, la faiblesse là où vous voyez le triomphe, » cet auteur, à coup sûr, n'obtiendrait que du mépris. Rien ne pourrait accréditer près de nous ses hypothèses, et forts de notre raison, nous verrions dans les faits le résultat nécessaire des causes. Je ne crois pas que l'on puisse rien objecter à ceci. Que s'il en était autrement, toute la science de Montesquieu ne serait qu'un grossier mensonge, et Polybe prédisant aux Romains que leur république s'abîmerait un jour dans l'anarchie et n'en sortirait que par le despotisme, aurait dit vrai par hasard.

S'il s'agit de notre époque, nous n'agissons pas avec cette franchise, nous nous refusons opiniâtrément à régler d'après les faits nos jugements sur la validité des causes. On n'avoue jamais la faiblesse de son parti, et à peine ses torts. S'il perd du terrain, c'est un accident, peut-être une faute. On a le droit d'en être tout étonné. Jamais on n'aurait dû s'y attendre.

Ce n'est pas tout : le raisonnement a ses limites; il y a des bases qu'on ne sait pas apprécier, des lois qu'on ne peut pas saisir. Dans ce cas, l'analogie peut conduire. Mais comment l'emploie-t-on ?

S'il s'agit des temps passés, nous savons parfaitement reconnaître dans les faits la continuation des faits eux-mêmes: S'il s'agit de notre époque, nous voulons bien sans cesse nous attendre à un revirement en sens contraire de leur marche que nous déplorons. Ce revirement arrive de temps en temps, comme une vibration se produit dans une vaste oscillation : cela nous suffit, et nous chantons victoire. Et voilà l'aveuglement le plus profond, le plus ordinaire et le plus incurable. Avec nos intérêts de coterie, nous nous faisons des ennemis de ceux que la nation porte sur le pavois, ou simplement de ceux qui résistent par le seul fait de leur position au torrent des passions mauvaises; si nous voyons celles-ci l'emporter, bien que le mal nous touche, nous nous en réjouissons comme d'une victoire. Erreur, erreur coupable et néanmoins trop commune ! trahison véritable, et crime de lèze-société ! L'individu sacrifie la chose publique à son amour-propre froissé.

Il y a plus encore : quand nous lisons les fastes de l'histoire, il s'échappe à chaque instant de notre bouche cette réflexion presqu'involontaire : « cela était facile à prévoir. » Soit que nous assistions au résultat des guerres puniques, soit que nous voyons s'écrouler l'empire d'Orient, ou avorter les dernières Croisades, soit que nous voyons encore éclater la révolution de France, ou l'invasion résulter de la campagne de Russie, notre exclamation est la même. C'est parce que nous savons saisir pour des événements qui ne nous touchent pas, des rapports vrais, des analogies sérieuses. Eh bien ! ce qui est facile à prévoir est peut-être tout ce qu'il faut chercher à l'époque où l'on vit. Mais il ne faut pas craindre de sonder son avenir : c'est le seul moyen de l'améliorer. Je ne vois rien de sérieux dans le rapprochement cabalistique d'époques fatales aux gouvernants ; mais, par exemple, si je trouve que pendant une longue période, les faits marchent constamment dans le même sens, et cela sans s'atténuer, sans rétrograder, sans subir autre chose que quelques temps d'arrêts artificiels, passagers, je prends franchement mon parti de prolonger leur marche en ce sens même, dans mes pensées d'avenir. Ils m'apparaissent alors comme la mesure des besoins et des tendances de l'*état social* qui les enfante, en tant que l'oppression ne domine pas ses mouvements. Que si ces mouvements viennent à renverser les obstacles puissants qu'on leur oppose, ils en sont à mes yeux l'expression plus vive et plus énergique des besoins dont ils émanent. Si donc nous voyons aujourd'hui les formes constitutionnelles, systèmes bâtards et transitifs où la responsabilité ministérielle maintient imparfaitement la prérogative royale et l'inviolabilité, envahir tout l'occident de l'Europe, malgré les efforts des souverains; si nous voyons les faits se multiplier dans ce sens, les hérédités politiques déchoir, les systèmes électifs se substituer partout et à mesure que l'hérédité perd ses droits, qu'en conclure sinon que c'est l'indice palpable et manifeste d'un enfantement social, d'un travail que les uns qualifieront de maladie, les autres de progrès, mais qui néanmoins a pour lui la véritable force, puisqu'il procède incessamment, et en dépit de toutes les barrières que l'on oppose à son cours.

Mouvement dans les faits et dans les tendances.

Tel est à mon avis le sens absolu des faits. Ils sont l'expression de la société : il y a mouvement dans les faits, comme dans les idées, les intérêts et les tendances ; le repos ou l'équilibre n'existe peut-être nulle part, non plus dans la nature morale que dans la nature physique ; nous ne concevons une société qu'avec des intérêts et des besoins. Cela compose un élément variable avec les âges. Une nation depuis longtemps constituée a d'autres exigences que celle qui est au berceau : l'esprit public diffère, les tendances se modifient, les lumières, l'industrie, la prospérité ont d'autres développements. L'état social en un mot, ne demeure point stationnaire.

Objet principal de l'auteur de cet écrit.

Ceux dont le torrent des faits vient à miner l'existence, ferment souvent les yeux sur ces vérités ; il y a témérité de leur part ; les ouvrir pourrait être du courage. C'est à eux que je m'adresse, et si je parviens à leur montrer qu'une certaine coopération à l'œuvre publique n'est chez eux qu'un devoir, qu'en même temps elle sauve leur existence sociale véritablement compromise, et qu'aussi le plus beau rôle leur est encore dévolu, j'aurai rendu à ma patrie des citoyens fidèles, j'aurai accompli une tâche salutaire.

Je sais à quoi je m'expose. On m'accusera d'avoir renié tous les miens, toutes mes doctrines, tous mes principes ; mais qu'importe ? En ce moment, je puis le dire, mes convictions parlent trop haut pour que j'hésite à remplir ce qui me paraît un devoir.

CHAPITRE II.

Conditions de notre état social.

sidérations
sophiques
es notions
ines.

Une circonstance, si petite qu'elle soit, se trouve toujours en relation avec une multitude d'autres circonstances capables d'influer sur elle. On conçoit, à plus forte raison, que les destinées d'un empire relèvent d'un monde presque infini de considérations diverses, et s'il était indispensable de tout apprécier, on se perdrait dans un dédale : heureusement il n'en est pas ainsi; en tout ce qui est soumis à notre jugement, les diverses circonstances n'influent pas au même degré. Il y en a de principales; il y en a d'accessoires : les premières, en petit nombre, sont par cela même appréciables ; les autres très multipliées, modifiant néanmoins les résultats d'une manière peu sensible, peuvent être négligées dans les calculs.

Il faut donc s'attacher à démêler les premières. Pour tout ce qui tient à la politique, ce sont celles qui tombent le plus directement sous nos sens ; et ce n'est pas ici d'ailleurs une propriété qui la distingue. Il semble que partout la Providence ait mis le plus près de notre main ce qui nous est le plus spécialement utile. Ainsi ce qui saillit à nos regards est ce qui nous importe le plus, et les choses qui demeurent cachées sont plutôt un stimulant de curiosité qu'un élément de notre bonheur. Il semble que les efforts des générations doivent incessamment s'épuiser contre le voile épais qui les couvre. La connaissance du mouvement relatif de la terre et du soleil, par exemple, figure au premier rang d'intérêt dans les travaux et les besoins de l'homme ; on l'a saisie la première, tandis que la notion de ces immenses mouvements célestes qui peuvent emporter notre système planétaire, et même tout le monde d'étoiles fixes soumis à nos regards, se dérobe entièrement à nos vues astronomiques. Le soupçon seul de ces mouvements est un lent progrès de la science.

Et cela même est, pour ainsi dire, le sceau propre de notre nature; c'est un cachet qui distingue la place que nous occupons dans la série des êtres. Nous ne sommes ni le commencement, ni la fin; nous sommes un anneau d'une chaîne immense; nous procédons analytiquement dans un sens, et synthétiquement dans un autre; nous faisons quelques pas autour de notre place, et le plus bel effort de notre génie est l'appréciation de notre néant.

Pour ne pas sortir ici du cercle d'idées qui nous occupe, si nous groupons dans un certain sens les faits de l'histoire des peuples, nous nous traçons avec un degré satisfaisant d'évidence la marche des sociétés, leur progrès, leur apogée, leur déclin. Et si partant de là, et procédant encore dans un ordre synthétique, nous cherchons à nous peindre le progrès général de l'humanité, nos déductions se présentent avec un moindre degré d'évidence et de lumière; la série du temps que nous parcourons est trop restreinte dans sa durée, et le théâtre du monde trop inégal dans les scènes qu'il nous présente; mais aussi bien, nous trouvons-nous dans cette voie, en dehors de ce qu'il nous importe essentiellement de connaître.

Si le progrès humanitaire est en soi-même une question vague, et en application peut-être une question stérile, la marche de nos sociétés contemporaines et la constitution de leur état politique intéressent au plus haut degré le publiciste moderne; ses regards se fixent utilement sur la portion du continent européen que nous habitons, et la France est pour ainsi dire le centre d'observation où la lumière est la plus vive. Elle précède les autres nations dans la voie *.

But spécial de l'auteur dans ce chapitre.

Je n'ai pas pour objet de relever ici de certaines considérations dont toutes les annales fourmillent, et qui ne s'appliquent pas plus à notre état social qu'à tout autre. Cet écrit n'est pas une leçon d'histoire; seulement je veux formuler les caractères propres de la civilisation moderne, ses divergences notables, ou, pour mieux dire, je veux montrer avec évidence comment certaines tendances, qui se dessinent confusément dans les civilisations an-

* Cela ne serait pas exactement vrai si l'on comparait sous le point de vue de ses révolutions dynastiques, la France et l'Angleterre; mais cette phrase se rapporte au développement et à l'expression des tendances démocratiques.

ciennes, ont acquis dans la nôtre un degré d'énergie qui ne permet plus de les méconnaître.

L'antiquité la plus reculée nous offre le tableau des nations barbares connaissant à peine des limites et exerçant, les unes à l'égard des autres, le pouvoir de la force : au milieu de tout cela des essais de civilisation plus ou moins avancée élèvent quelques-unes d'entre elles à un niveau supérieur. Le flambeau de la civilisation brille d'abord dans l'orient de l'Asie et sur les bords du Nil. On le voit ensuite pénétrer en Grèce et à Rome où il semble se fixer pour y jeter son plus grand éclat, et répandre à la fois sa clarté dans tous les sens. Ainsi, de la multiplicité dans la barbarie les nations passent à l'unité sous le principe civilisateur. Mais bientôt le flambeau pâlit et les invasions des barbares se déchaînent sur lui à plusieurs reprises, comme un ouragan prêt à l'éteindre. Ses étincelles volent de tous côtés, ses débris se recueillent, des germes spontanés se développent, et le continent européen retrouve avec le principe civilisateur, une nouvelle multiplicité de nations cadrant ensemble dans des limites rationnelles, jouissant à peu près au même degré des avantages d'un état social avancé, et tendant intérieurement vers un état démocratique.

Les faits des temps modernes se résument dans un nivellement général qui s'opère à l'intérieur comme à l'extérieur, et qui substitue des équilibres stables fondés sur des besoins permanents à des équilibres instables fondés sur la prédominance d'intérêts passagers.

Je ne veux avancer aucune assertion sans preuves, et je vais suivre séparément les deux ordres de faits que je viens d'énoncer, savoir : les nationalités constituées dans leurs limites, et le principe démocratique envahissant les peuples.

Tendances des peuples civilisés vers les limites physiques ou naturelles. — Instabilité des progrès que l'on fait en dehors.

Nous sommes Français, disons-nous, nous nous plaisons tous les jours à entendre nos intérêts les plus généraux se débattre à ce titre. Il éveille à la fois notre patriotisme et notre confiance. Et pourquoi ? Parce que nous voyons dans la France une nation forte d'elle-même, un corps politique défini, séparé de tous les autres, capable de résister par son unité à l'agression, capable de braver même la coalition des puissances. Jamais peut-être la nationalité ne s'est mieux caractérisée que de nos jours, et cependant tout le monde convient que ce qu'on appelait jadis *alliance naturelle,* ce qui n'était au fond qu'une hostilité déguisée contre une puissance voisine, s'efface journellement de nos institutions sociales; que la nationalité propre perd ce caractère haineux et antipathique qui la distinguait autrefois, qu'elle cesse de représenter un certain genre d'égoïsme ou un individualisme collectif; que les lignes de douanes entretenues à grands frais par les gouvernements, se soutiennent péniblement contre les facilités de communication, les chemins de fer et l'activité commerciale; qu'en un mot, si l'expression m'est permise, on devient *humanitaire* en même temps que l'on reste Français, Anglais, etc. Que s'est-il donc passé? quel genre de travail s'est opéré chez les différents peuples de l'Europe? Ce qui s'est fait, le travail qui s'est opéré, c'est la sanction du temps sur les progrès des sociétés en rapport avec leurs besoins permanents et réels. Le temps a dessiné l'établissement et la fixité des limites politiques, comme un résultat progressif de leur civilisation. C'est elle qui, en atteignant à peu près le même niveau parmi les États de l'Europe, enfante et consomme ce que l'on appelle l'équilibre des puissances.

Quelle qu'ait été dans l'origine la confusion des

sociétés modernes, quelqu'individuelles qu'aient pu être leurs bases primitives résultant à la fois de l'invasion de la force et de la crainte, les peuples occidentaux de l'Europe, les seuls véritablement civilisés, ont constamment tendu vers des circonscriptions que d'ailleurs on aurait pu tracer à priori sur une carte, comme un résultat naturel de la configuration du sol. L'ambition des rois, le mariage des princes, le besoin de protection des peuples, tout y a concouru.

Suivez attentivement dans l'histoire les variations des États relativement à ces limites. Parfois elles se perdent ou se dépassent; mais finalement elles demeurent : les nations oscillent autour d'elles, l'existence politique y semble si bien attachée, que par la seule puissance de ses frontières, un État se préserve de l'invasion de tous les autres. Sur des frontières uniquement de convention, la tranquillité est toujours précaire, la guerre toujours menaçante. Des limites artificielles ne remplacent pas celles de la nature. Le triple rang de places fortes dont Louis XIV enceignait la France, ne fondait rien de permanent là où il s'écartait du système physique, et de nos jours la Belgique veut encore devenir française.

C'est ainsi qu'avec la marche du temps notre belle monarchie s'est formée de la Neustrie, de l'Aquitaine et des autres provinces. Du côté de l'Espagne et de l'Italie, et sur une grande partie de son pourtour, la France jouit de ses limites. L'Espagne également est devenue ce qu'elle est, dans la même période : l'Aragon, la Castille, la Navarre et d'autres provinces l'ont formée. Si la civilisation ne s'arrête pas dans ces contrées, il est à croire que le Portugal viendra un jour se fondre dans cette nationalité. De même l'heptarchie a fondé l'Angleterre et l'Écosse, s'y est confondue, tandis que l'Irlande, au bout de dix siècles de soumission forcée, n'a pu faire corps avec le Royaume-Uni, et se débat incessamment pour s'en séparer. La Pologne a manqué de limites, elle a disparu trois fois de la liste des états ; et ce n'est pas à coup sûr que le sentiment national n'ait vibré de toute sa force dans le cœur de ce malheureux peuple. La Suisse s'est toujours défendue dans ses montagnes ; l'Italie, dont les divisions ne concordent guère avec le système naturel, n'attend qu'une occasion d'en changer, et réclame un autre équilibre. A mesure que la civilisation moderne s'insinue dans ce pays, les gouvernements frissonnent : ils craignent qu'une étincelle n'embrâse toute cette péninsule : elle porte en elle-même des germes de révolution qui, tôt ou tard, renverseront les obstacles qui les compriment.

Quand les gouvernements ont dirigé leurs acquisitions vers les limites physiques, ils ont fait de la stabilité. En dehors, ils n'ont jamais rien fondé. Saint-Louis cédant la Catalogne qu'il ne pouvait conserver, ne nous apprend pas autre chose. Nos rois ont renoncé à l'Italie, comme l'Angleterre à la possession de la France. La monarchie de Charles-Quint s'est séparée d'elle-même, et tandis que l'Alsace et la Lorraine nous sont demeurées malgré les revers de Louis XIV, les conquêtes de l'Empire français nous ont laissé peu de chose. Le second traité de Paris n'a fait que reconnaître et modifier les frontières de 1790. Les sanctions les plus authentiques n'ont pas constitué par elles-même de lien plus durable. Voit-on que la célèbre union de Colmar ait assuré pour toujours l'inviolabilité du Danemarck avec la Suède et la Norwège?

Ces remarques générales se trouveraient sans application si les degrés de civilisation étaient fort différents ; si l'un des peuples exerçait par exemple sur les autres la suprématie de l'intelligence. Cette condition était remplie par les Romains à l'époque où ils soumettaient le monde, et par les Maures, quand ils s'établissaient en Espagne. C'est le cas où se trouvent encore les Européens relativement aux contrées où ils vont établir leurs colonies ; mais on ne doit pas omettre de remarquer que les colonies cessent volontiers de faire corps avec leur métropole, et atteignent en effet ce but lorsqu'elles ont acquis un certain degré de force qui leur permet de séparer leurs intérêts. C'est ainsi que les États-Unis ont secoué la domination anglaise, et que l'Amérique du sud presqu'entière s'est affranchie du joug de l'Espagne.

'utilité du
e des divi-
physiques
ué à l'inté-

Si les frontières naturelles ont un rôle politique assuré, les divisions intérieures que les gouvernements consacrent ont aussi beaucoup d'influence sur la prospérité et le bien-être du corps social. On prouverait sans beaucoup de peine, que le système des bassins de fleuves et de rivières est le plus apte à remplir un pareil but, soit par la facilité des communications que les cours d'eau permettent d'établir, soit par la configuration même des montagnes, soit par la simplicité seule des considérations géographiques, soit enfin par mille avantages que cette disposition procure. Ce n'est pas ici le lieu d'examiner tous les rapports de ces divers objets avec le commerce, l'administration, les principaux centres d'industrie et de population, ni d'entrer dans le détail des divisions que de pareilles vues pourraient introduire en France. Je me bornerai pour le moment à dire que le travail de la répartition territoriale y devra être refait en entier, et que la division des 86 départements porte un cachet tellement arbitraire, qu'il n'a presque rien en sa faveur : le système des provinces était plus près de la nature. On a bien pu trouver à propos d'effacer son principe tenant à d'anciennes nationalités qu'il ne fallait plus reconnaître, mais il n'y avait pas de raison pour faire, au nom du progrès, un pas véritablement rétrograde.

Tendance de nos sociétés contemporaines vers la démocratie. — Principe de la souveraineté du peuple.

Je passe au second fait que j'ai énoncé, c'est-à-dire à la tendance démocratique de nos sociétés modernes, tendance qui se manifeste clairement par *l'envahissement des gouvernements constitutionnels dans tout l'occident de l'Europe* *.

* L'Angleterre, la France, la Hollande, le Portugal, la Belgique, la Suède, l'Espagne, vivent sous le régime constitutionnel, ou combattent pour l'établir : l'absolutisme vrai ne règne en Europe que sur la Russie, pays d'une civilisation récente.

Ce fait est accablant d'évidence, il surgit de toutes parts. On s'en effraie, on s'évertue à le méconnaître, on se débat en vain contre lui, force est de le subir.

Et ce fait en lui-même n'est peut-être que le résultat tardif et encore incomplet de l'émancipation de la pensée. Si on le rapporte à son principe, il peut se présenter comme une conquête encore mal affermie de la vérité sur l'erreur. Un principe rationnel bien plus qu'il n'est nouveau, a triomphé des vieux adages : c'est le principe de la *souveraineté du peuple*.

A ceux qui se récrient devant une pareille doctrine, je réponds : « Le triomphe du principe n'est pas un vœu que j'émets, ce n'est pas même une conjecture que j'énonce, c'est un fait que j'articule. Je ne décline point la loi des faits ; j'admettrai, si l'on veut, que le principe théocratique a seul pu régir de vieilles sociétés dans l'enfance ; que les formes monarchiques, l'hérédité du pouvoir, la légitimité, le droit divin, convenaient encore à notre société au moyen-âge. Mais, à mon tour, je demande qu'on subisse la même loi. Elle seule est imprescriptible, elle seule parle plus haut que toutes les théories.

S'il n'est question que de savoir si le principe est rationnel, la discussion est ouverte.

Mais d'abord, il ne faut pas comme on le fait souvent, par une interprétation perfide et gratuite dénaturer ce principe afin de le combattre. La souveraineté du peuple n'est ni la loi agraire, ni l'individualisme absolu, ni le vote universel pratiqué d'une certaine façon : c'est la souveraineté de la société elle-même, c'est la représentation assurée des intérêts qui caractérisent l'état social d'un pays ; c'est, en d'autres termes, la souveraineté des intelligences qui comprennent les besoins, et sont aptes à se traduire par des volontés capables d'y satisfaire.

Il faut au moins l'accorder : il n'y a rien qui choque la raison, rien d'anti-social dans un principe de cette nature : mais est-ce bien ce que l'on veut entendre en le proclamant? La suite nous mettra à même d'en juger, et il ne faudra que développer utilement ses conséquences. C'est là un point capital, un premier intérêt vers lequel on doit unir ses efforts. Voyons dès à présent quels vices sont inhérents au principe contraire, c'est-à-dire au droit divin ou à la légitimité. Ce sera dire en peu de mots pourquoi le rationalisme de l'époque se détermine à le proscrire.

ments con- principe de souveraineté itaire.

L'hérédité dans le pouvoir consacre une sorte d'anomalie ou de contradiction pareille à celle d'une forme élective, où le choix serait abandonné au caprice d'un pur hasard. Qu'au milieu de tous les individus d'un pays, la roue de fortune fasse sortir d'une urne le nom d'un gouvernant, ou qu'il succède de droit à son père, les garanties personnelles dont la nature le revêt sont identiques aux yeux de la raison. C'est là un vice radical. L'éducation et les bonnes doctrines sont des palliatifs, j'en conviens, mais ils sont bien loin de suffire. Les partisans de la légitimité se soustrayent difficilement à cet aveu. La caducité succède à l'âge mûr, l'enfance à la vieillesse, c'est-à-dire la faiblesse à la force, l'inexpérience à la sagesse, et l'incapacité au talent. Les régences sont toujours accompagnées de crises sociales : on en a fait mille fois l'épreuve, et c'est pour se soustraire à ces inconvénients, que, parmi les peuples modernes qui s'éclairent et se civilisent, ceux où la royauté se soutient avec moins de péril, sont ceux où l'autorité s'est le plus complètement séparée d'un fantôme de roi commis au nom de l'ordre social, à la garde du conservateur.

Ce n'est pas tout; de quelque façon que l'on s'y prenne, dans un pays en révolution, il y a toujours avec ce principe autant de compétiteurs que de dynasties non éteintes. Que d'ailleurs on remonte à l'origine de celles-ci! S'il y a conquête, à coup sûr, cela ne constitue pas un droit social, et s'il y a élection, il faut pour établir le mode légitime qu'une génération se soit engagée pour toutes, et voilà un droit qui peut être contesté. Entrez franchement dans l'essence du principe, sondez les arguments qui le soutiennent, et je défie la raison de n'y point accuser ***Cercle vicieux*** ou ***Pétition de principe***. Que par exemple on vienne nous dire: « Le roi doit être tel que, par lui-même il jouisse d'un droit que personne n'a que lui. » Ceci suppose: 1° qu'il faut un roi; 2° que ce roi possède un droit. Admettons la première partie, elle n'a rien d'absurde; mais le droit, d'où résultera-t-il? d'une assimilation fautive, et de plus en plus incomplète du domaine et de l'autorité. Je réserve au chapitre suivant les développements sur lesquels cette proposition se fonde.

Mais voilà de ces vérités que ne peuvent souf.

frir, ni peut-être discuter les partisans de l'*absolutisme quand même*. Et moi, je demande à tous si la lumière nous est départie pour ne pas nous éclairer, et la raison pour n'en pas faire usage. Quoi! ils savent très bien s'effrayer de l'impuissance de leur doctrine contre l'envahissement du progrès qui raisonne, qui expérimente, et ne peut plus s'accommoder de formes vieillies, de doctrines hasardées, de croyances démolies par les âges ; et ils ne vont pas plus loin! et ils ne s'aperçoivent pas eux-mêmes qu'ils se condamnent logiquement jusque dans les termes qu'ils emploient. Ils s'écrient avec l'accent du désespoir que les préjugés s'effacent, que le prestige s'évanouit. C'est donc qu'ils avaient besoin de maintenir quelqu'erreur pour soutenir le système auquel ils s'étaient exclusivement attachés.

la voie poli-
dans laquel-
faut entrer,
crifices qu'il
savoir faire,
es réformes
il faut tirer

Battu en brèche par sa propre raison, on se rejette vers d'autres pensées; on invoque des souvenirs, on crie à l'invasion du prosaïcisme et du gouvernement des avocats; l'aigreur s'empare de la discussion, et l'on met en avant ce reproche banal, de répudier toutes les gloires et de renier quatorze siècles de grandeur. A Dieu ne plaise qu'il en soit ainsi! Qui voudrait avouer de pareils sentiments? S'associer réellement et comme on doit le faire, à cette œuvre séculaire qui fait l'orgueil du pays, c'est prolonger l'existence du corps social menacé de ruine, c'est lui tendre une main secourable s'il s'égare dans une voie qui le perd; mais il faut viser au possible. Il faut se faire une juste idée de ce que le gouvernement représente; il est au corps politique ce qu'est le régime à notre constitution. Le régime le meilleur peut n'être pas de nature à prolonger au-delà d'un certain terme l'existence d'un être malade, la vie d'un organe appauvri; mais du moins, il peut encore soutenir les forces défaillantes; il ranime ce qui n'est pas éteint. Le même régime d'ailleurs ne convient pas à tous les âges, comme aussi le même pacte social ne s'applique point à toutes les époques. Voyez si tel principe qui a été puissant dans un siècle, ne s'est pas épuisé par ses efforts, anéanti par ses propres résultats; il a fait de grandes choses dans une période, et n'enfante rien dans celle qui suit. Saint-Louis cherchant à ranimer le zèle des Croisades; Jacques II, en Angleterre, luttant pour de vieilles institutions; François Ier s'efforçant de refaire de la chevalerie, nous montrent la volonté des hommes ou l'enthousiasme luttant avec opiniâtreté contre le fait des tendances sociales. On ne pense pas ressusciter les morts.

Que s'il était vrai de dire que nous fussions en pleine décadence, et que notre vitalité politique fût prête à s'étouffer, ce n'en serait qu'un motif plus puissant de se jeter à corps perdu dans les voies qui peuvent au moins adoucir les chutes et sauver des débris. Le luxe effréné qui nous gagne, peut paraître à bon droit un symptôme alarmant et bien peu compatible avec l'organisation d'une démocratie forte, si toutefois les germes démocratiques doivent enfin prévaloir; la difficulté que nous éprouvons à fonder une colonie, l'individualisme qui accapare les titres, la jalousie de grandeurs qui elles-mêmes sont déchues, la mauvaise-foi parlementaire, le népotisme enfin, témoignent bien haut, j'en conviens, de notre corruption sociale. Mais alors faut-il y souscrire, et ne doit-on pas oublier de faux points d'honneur, ou des misères dont on se préoccupe, en face du pays menacé?

Je n'ai point assez de paroles pour relever de leur oisiveté coupable ou de leur découragement stérile ceux qui refusent leur concours à la chose publique, ou qui voient l'État sans ressources parce que leurs fortunes se nivellent ou que leurs titres s'abaissent. Le nivellement des fortunes est en lui-même une question complexe, et d'abord est-ce un fait avéré ? ensuite est-il un préjudice réel pour le pays? résulte-t-il seulement de nos lois? y a-t-il lieu à les modifier à cet égard? ce sont autant de points à discuter. Quant à l'abaissement des titres, il constitue un fait plus palpable. Et je sais que dans un certain monde, l'abrogation de ces distinctions flatteuses, ou leur simple déchéance est un vif sujet de douleur et soulève bien des regrets. On aimerait mieux perdre sa fortune que de voir s'évanouir un titre qui va de génération en génération, aidant à couvrir des fautes et à réparer des brèches : le prestige qui l'entoure encore facilite au moins des mariages... on ne s'en dessaisit qu'avec chagrin. Puis donc qu'il faut courber la tête sous la marche des faits, il faut aussi réfléchir, il faut voir si l'on peut se frayer de nouvelles routes. Qu'on se demande par exemple si le titre est une cause ou simplement un effet ; si le titre fonde la grandeur, ou si ce n'est pas au contraire la grandeur qui fonde le titre. La réponse n'est pas douteuse ; mais alors qu'importe que l'on s'appelle prince, duc ou baron, si le pouvoir réel réside en dehors de ces conditions particulières? Pourquoi tant s'affliger, et pourquoi tant s'attacher à des fantômes?

Jugeons encore les faits par les faits, nous pressentirons l'avenir des titres par les phases qu'ils ont déjà subies. Voyez-les se dessiner d'abord comme un symbole d'autorité dans quelques familles princières, et devenir ensuite dans leurs mains un monument inerte d'anciennes institutions. A mesure que leur grandeur a passé, leur titre devient accessible, et ne consacre plus dans de nouvelles familles que la mémoire de quelques faveurs de cour. Dès-lors les titres ont déchu; cette marche ne s'est point arrêtée. On les a renouvelés, comme aussi les ordres royaux: on en a importé des pays étrangers et on n'a fait que les démonétiser encore en multipliant leur nombre *.

* Ce n'est pas seulement chez nous que les titres honorifiques ont marché vers leur décadence. C'est le fait le plus général. Mais l'ignorance nous fait apercevoir volontiers des positions exceptionnelles, là où un peu plus de savoir pourrait bien mettre en évidence les conditions les plus communes. L'histoire nous montre toujours des grandeurs qui parviennent à leur apogée, qui décroissent et qui s'enterrent, et des titres qui leur survivent. Jugée à ce point de vue philosophique, elle offre un curieux spectacle. On voit partout les hommes se grandir par des moyens artificiels à mesure que s'écroulent les droits qui consacrent de véritables préémi-

C'est ainsi que le privilége s'éteint par son propre abus, et que le nivellement résulte à la longue de la convoitise même que le privilége inspire. S'il s'atténue par l'extension, il se perd par l'usurpation devenue générale ; ainsi même, on arrive à penser qu'il y a bien peu de chances aujourd'hui pour que la société vienne encore en demander le sacrifice solennel sur l'autel de la patrie.

Mais à côté des anciens titres qui tombent, la société elle-même élève des positions nouvelles, des illustrations solides qu'elle offre au concours universel de ses membres. A mesure que le temps vient consacrer en son nom de nouvelles conquêtes sur des gouvernements oppresseurs ou retardataires, elle investit de sa confiance des citoyens qu'elle honore ; elle confère dans l'élection, des titres nouveaux et précieux, et ne cesse d'attacher aux services rendus de glorieux souvenirs. C'est la voie où elle nous appelle tous aujourd'hui : la force des choses ramène à leur véritable but les institutions qui s'en écartent, et la célébrité d'un

nences. Plus ces droits se dénaturent, plus on s'attache au titre qui les représente, on s'en sert pour consacrer le souvenir d'une prétention jusqu'au jour où celle-ci tombe par le ridicule. Voyez, par exemple, avec quelle peine les rois d'Angleterre se décident à ne point s'appeler rois de France.

nom n'est plus que ce qu'elle doit être : une lettre de change tirée sur la postérité par l'homme de génie.

Ainsi donc la propriété des noms n'est pas atteinte. Le nom représente quelque chose dès qu'il est honorablement connu ; on aurait, de quelque parti que l'on soit, mauvaise grâce à le nier. Ce qui tombe, c'est une sorte de fausse monnaie mise en cours par les gouvernements ; elle tend à se réduire à sa juste valeur. Est-ce donc là un si grand sujet de réflexions amères ? est-on bien en demeure de désespérer de toutes choses? faut-il taxer d'impuissance un siècle tel que le nôtre où les lumières se répandent à profusion, où la carrière s'ouvre de plus en plus à tous les talents, quelque part qu'ils naissent ; où toutes les idées de l'individu capable de se soutenir devant le jugement public, deviennent universelles par le seul fait de la presse. Si l'antiquité produisait un Archimède au milieu de quelques génies livrés aux mêmes travaux, que ne doit-on pas attendre de notre époque, laquelle laisse le champ libre à tous et met à portée de chacun tous les sujets d'études! Ainsi donc ne nous voyons pas perdus sans ressource, comprenons le mouvement de notre siècle, donnons-lui pour le rendre brillant parmi les âges, un peu de ce patriotisme qui seul enfante de grands résultats, et nous suivrons à la fois la bannière de l'honneur et celle de la raison.

CHAPITRE III.

Conditions de stabilité des Gouvernements.

inition de la sociale. Quelques définitions préliminaires sont indispensables pour donner à cette partie toute la rigueur dont elle est susceptible.

J'appelle *force sociale* un élément qui, dans une société quelconque, résulte de ses besoins et la rend *capable de produire dans le sens de ses intérêts.* Cette force se présente comme le résultat ou le produit d'autres forces très multipliées qui naissent d'elles-même au sein des sociétés. C'est l'instinct de la conservation, le désir de la prospérité, le besoin du repos, etc.

Cette puissance est l'élément que la société confie au législateur dont la mission est alors de la bien connaître, et de disposer tant de son intensité que de sa direction, de manière à lui faire produire le maximum d'avantages *.

Dans ce travail, il se présente des données positives ou des conditions impérieusement réclamées. D'autres sont soumises à l'arbitraire du jugement. Le législateur se conduit alors d'après les faits, les probabilités et même l'empirisme. Le temps et la marche des sociétés consacrent ou modifient cette portion de son œuvre.

Les prescriptions indispensables sont celles de la morale. La loi de la société doit être la consécration de la loi de la nature, aucune compensation matérielle ne pouvant exister à côté de l'anéantissement des principes et de la sanction du vice. La permanence même et la prospérité d'une société, ont été attachées par la nature à la moralité de ses usages.

* Nous espérons que l'usage des termes mathématiques introduit dans ce genre de dissertation métaphysique ne sera pas considéré comme porté jusqu'à l'abus. Si je m'en sers, c'est parce qu'ils offrent une précision que n'ont pas les autres. Pour qui connaît le calcul des variations d'Euler et celui des probabilités, il n'y a, qu'on me permette de le dire, rien qui ne se rattache par quelque point aux mathématiques. Cela est aussi vrai pour la conduite des sociétés que pour la vie particulière.

Je ne pense pas que ces diverses propositions rencontrent des antagonistes, et que l'on m'accuse de présenter dogmatiquement et sans preuves des opinions récusables. Que la moralité des institutions soit ou non la sauvegarde des sociétés, c'est une question que la philosophie de l'histoire peut mettre dans tout son jour, et ce n'est pas ici la matière que je traite. Les prescriptions de la morale sont indépendantes même de leur succès. Il faut les suivre avant tout, que l'on en convienne seulement avec moi, je n'en demande pas davantage.

écessité d'un vernement.

En dehors de cette partie nécessaire, il faut se laisser conduire par le raisonnement et par les faits. Or, nul n'a pensé jusqu'ici qu'une société politique pût exister sans un *gouvernement.* Le gouvernement se compose de citoyens auxquels, à un certain titre ou en échange de certaines garanties, l'État confie sa force sociale comme un fonds destiné à produire entre leurs mains.

onditions de existence po- ue.

Il faut donc que le gouvernement soit de nature à offrir à la société les meilleures garanties. S'il obtient la confiance publique, il dispose de toute la plénitude de la *force sociale,* sinon elle est précaire entre ses mains. Cela se conçoit aisément : le devoir des citoyens lui concilie dans le premier cas tous les suffrages ; dans le second, le contraire a lieu. Si donc il puise extérieurement sa force, il devient oppresseur ; s'il l'attend de la société seule, il chancèle et il tombe.

Mais avec le temps les sociétés marchent, et nous croyons déjà l'avoir suffisamment fait ressortir. Que l'on appelle cette marche ascension, progrès ou déclin, elle se dessine partout comme un fait incontestable, avéré. La tâche du gouvernement demeure constamment la même ; il faut toujours qu'il vise à la conservation et à la prospérité du corps social. Mais les garanties qu'on lui demande varient avec les différents âges. Si, dans sa constitution ou ses formes, il demeure stationnaire, s'il attend que la nécessité lui arrache comme des sacrifices onéreux ce qu'il lui convient d'appeler ses droits imprescriptibles, il manque son but et travaille à sa propre ruine.

Rien n'est plus facile à concevoir : Que la constitution du gouvernement ne réponde plus au vœu et à la confiance publiques, que sa marche se produise en dehors des besoins de la société qu'il régit, et il y aura collision. Si la société est fortement constituée, la chute du gouvernement s'en suit; si au contraire, le gouvernement puise extérieurement une force suffisante, la société est écrasée. Dans un cas comme dans l'autre il y a calamité publique.

Tout cela n'a rien que d'évident, ou rien qui ne repose sur le raisonnement le plus simple; et il en résulte aussi l'obligation constante pour le gouvernement de modifier dans le sens de l'opinion la législation qui le constitue, en d'autres termes, de s'harmoniser avec l'état social.

Il ne faut donc pas attribuer à l'œuvre du législateur une permanence dont elle n'est pas susceptible dans son entier, et l'on doit regarder comme essentiellement temporaire toute la partie qui a trait à la nature du gouvernement.

usse tactique gouverne-s. — Erreur législateurs a permanen- leurs insti-ns.

Bien que ces vérités soient le résultat de l'expérience des siècles, elles paraissent encore neuves aujourd'hui ou du moins on semble encore les ignorer, en ce sens que les gouvernements se constituent des intérêts en dehors de ceux du corps social, et ruinent ainsi de leurs propres mains l'édifice de leur pouvoir. Quant aux législateurs, on n'en voit guère qui consentent à baisser la tête devant l'influence du temps sur les institutions qu'ils créent *.

Une question se présente ici : existe-t-il toujours un gouvernement en rapport avec un état social donné ?

Il serait difficile de l'affirmer. Toutefois il est naturel de le croire. Une société serait trop cruellement viciée s'il n'y pouvait exister assez de tendances honnêtes pour donner de la force à un gouvernement protecteur d'intérêts légitimes. Si d'ailleurs, comme cela se rencontre surtout au déclin des sociétés, il s'y manifeste ces tendances désastreuses en opposition avec leurs besoins réels, le gouvernement ne doit favoriser que ceux-ci et retarder le triomphe du mal ou de la destruction

* A coup sûr ce ne fut pas Lycurgue, puisque ayant donné le corps complet de ses lois, il en fit jurer l'observation jusqu'au moment de son retour, s'éloigna et ne revint jamais.

Qu'on examine au point de vue que je propose ici la législation ancienne de la France, et on la trouvera entachée de la même erreur. La Charte ne l'était pas moins, bien qu'elle vînt consacrer de la part du monarque d'immenses concessions. D'abord elle était octroyée de pur don, et de plus, le temps avait déplacé complètement la force sociale : on la cherchait là où elle n'existait déjà plus.

On peut au reste remarquer que dans tout le cours de cet écrit, j'évite de parler de la Charte. C'est précisément parce que ce pacte est essentiellement constitutif du gouvernement, qu'il est dans nos idées tout entier à réviser ; ce serait même pour ainsi dire le premier pas à faire pour le gouvernement lui-même et dans son intérêt.

par tous les moyens dont il peut disposer. Sa tâche est encore définie, et il doit comprendre les formes les plus favorables à son accomplissement ; s'il succombe dans cette lutte, c'est la société elle-même qui succombe ou se dissout après avoir reçu de lui tout l'appui qu'elle en pouvait attendre.

Mais, dans une pareille lutte, il importe de ne pas se tromper, de ne pas substituer l'intérêt du gouvernement constitué sous une certaine forme, à celui de la société en général ; et c'est ce que l'on a toujours fait, même avec les intentions les plus pures.

Ce qui se passe tous les jours sous nos yeux, ce sont des gouvernements qui meurent et des sociétés qui ne meurent pas. Qu'en conclure ? sinon qu'ils n'étaient pas en harmonie avec l'état social commis à leur garde *.

reuves tirées 'histoire.

Je n'irai pas chercher dans l'histoire ancienne la preuve de ce que j'avance, ce serait une fatigue pour mes lecteurs ; et d'ailleurs l'histoire moderne

* Napoléon paraissait avoir senti cette vérité, lorsqu'à son retour d'Égypte, il attendait à Fréjus que la nation manifestât ses tendances. S'il les connût alors, ce qui est probable, il espéra plus tard les dominer au profit de son ambition.

peut, dans un seul fait, confirmer la rigueur de nos déductions.

Ce fait je l'ai déjà énoncé : c'est la fréquence de nos révolutions d'état : c'est la substitution forcée des gouvernements contitutionnels aux gouvernements absolus.

Voyons, en effet, comment les anciens gouvernements ont méconnu l'état social pour s'attacher à des principes avec lesquels ils ont croulé.

Histoire du [d]roit divin. — [T]héorie de la lé[g]itimité.

Un des premiers faits qui se constitue spontanément dans une société, c'est celui de la possession : La possession amène le partage. La loi de famille est la même partout. Le père possède et distribue. La distribution égale, entre tous les enfants, est la plus naturelle. Elle n'est pourtant plus rigoureusement prescrite.

Au début des sociétés modernes, le pouvoir s'est présenté comme un fief. Il y avait erreur dans cette supposition, erreur croissante avec les âges; c'est-à-dire que la possession du sol se détachant de plus en plus de l'autorité souveraine, les institutions s'éloignaient, par là même, des besoins auxquels il fallait pourvoir.

Dans cette conviction, que le pouvoir constituait l'essence d'une propriété, la volonté individuelle des gouvernants lutta le plus longtemps qu'elle put contre les faits, pour conserver le privilège du partage arbitraire entre les enfants. Les maux qui s'en suivirent devinrent à la fois trop palpables pour continuer à marcher dans cette voie * ; il fallut bien reconnaître que la transmission de la souveraine puissance ne pouvait suivre la loi naturelle de la propriété foncière. Néanmoins, comme l'hérédité du pouvoir constitue dans une famille un privilège que l'on est jaloux de conserver, on ne voulut pas s'en départir, ni le mettre en question. C'eût été même devancer la marche du temps, puisqu'il y avait alors tous les éléments capables pour maintenir cette hérédité. Seulement on dût la modifier, on créa *l'hérédité par droit de primogéniture*. Telle fut la marche suivie par les cours, tant en France, qu'en Espagne et dans les autres pays. Mais pour soutenir cette loi toute particulière au pouvoir, il fallait la faire reposer sur une doctrine. Ce fut celle de la *légitimité*.

Ce ne fut pas un petit effort que celui qui parvint à inaugurer presqu'universellement ce prin-

* Témoin les guerres des enfants de Clotaire, de Charlemagne, de Sanche-le-Grand, roi de Navarre, etc., etc.

cipe ; il est curieux d'assister aux grandes péripéties parmi lesquelles il tend à se consolider. Le dixième siècle nous montre le droit de succession livré à toutes les chances d'un conflit éventuel dans tous les états de l'Europe. La couronne d'Allemagne est élective ; l'Espagne se partage entre les Chrétiens et les Musulmans ; la Lombardie change à chaque moment de maître ; la race Carlovingienne tombe du trône de France et le droit du sang est méconnu ; en Angleterre, Harold, successeur d'Édouard, n'était pas de sa race, mais il représentait le suffrage de sa nation ; Édouard lui-même n'avait pas occupé le trône au titre légitime. Guillaume-le-Bâtard, n'avait pour lui ni le droit d'élection, ni celui d'héritier. Il allégua un testament et soutint ses raisons par la force.

Néanmoins, le principe triompha : mais à peine se vit-il établi, que l'ambition dût encore l'exploiter à son profit, et le prestige religieux s'immisçant à la doctrine de la légitimité, en fit le droit divin. Ce fut là la théorie politique du moyen-âge, mais le droit divin développé dans ses conséquences, engendra l'excès du pouvoir des papes. Ce fut un grand mouvement social que celui qui alla consacrer dans les mains du vicaire de Jésus-

Christ le droit de faire et de déposer les rois! Tous les possesseurs des trônes furent humiliés sans doute, s'il est vrai, comme le rapporte une chronique du temps, que le pape Célestin III, après avoir posé la couronne sur la tête de l'empereur Henri IV, la renversa d'un coup de pied pour constater son pouvoir, et la laissa replacer sur le front du monarque par les cardinaux assistants. De tels abus, et plus encore les guerres scandaleuses qui déchirèrent l'Europe, furent pour les princes une leçon tardive : à partir de Boniface VII, qui exerça encore le droit divin dans toute sa plénitude, l'oscillation contraire a commencé à se produire, celle qui, dans la période où nous sommes, nous emporte encore aujourd'hui.

Les souverains donnèrent le branle, et leurs peuples faciles à éclairer par l'excès de leurs malheurs, les secondèrent dans leur entreprise. Mais l'atteinte que reçut dès-lors le droit divin ne put en demeurer là. Le mouvement était donné, la société marchait. Remonter simplement à l'ancien état de choses où chaque souverain constituait l'hérédité du trône en faveur de l'aîné de sa famille était impossible; on essaya pourtant de le faire, et l'on fût encore longtemps avant de reconnaître que l'on était débordé par le mouvement social.

Il n'en faut pas d'autre preuve que la constance des efforts de la royauté dans une lutte où elle-même travailla sans s'en apercevoir à sa propre ruine. Elle vit le péril où il n'était pas, et se servit du peuple pour émonder sans relâche tous les pouvoirs qui n'émanaient pas d'elle-même. Or, le jour où la lutte des pouvoirs cessa par l'anéantissement de l'un d'eux, la royauté se trouva face à face avec la société même. Suivons-la dans le travail de ce nouvel antagonisme qui, en France, ne fût pas un des moindres auxiliaires propres à pousser les idées dans le sens démocratique.

Les rois, sous le régime de la féodalité, étaient constitués comme le dernier échelon de puissances successives qui s'élevaient jusqu'à leur trône, et embrassaient toute la nation dans un système homogène. Jaloux de leur majesté, ils ont incessamment cherché à détruire tout pouvoir qui pouvait leur porter ombrage. A la mort de Richelieu, ce travail était terminé pour la noblesse féodale; la cour et le favoritisme avaient remplacé toute influence intermédiaire forte d'elle-même, et propre à garantir la prérogative royale des atteintes de la démagogie. En cela même, les rois donnaient des armes contre leur propre autorité, puisqu'ils se livraient seuls avec leur cour dont les priviléges étaient sans puissance, aux attaques du peuple. Ils se voyaient, pour ainsi dire, au sommet d'une colonne sans base, tandis que primitivement, ils avaient couronné le faîte d'une pyramide, et cette nouvelle situation, loin de caresser leur ambition satisfaite, eût dû plutôt leur ouvrir les yeux sur les terribles dangers qu'ils s'étaient créés.

Ces dangers étaient imminents, et néanmoins on ne pensa qu'à tout dominer, sans se préoccuper de savoir si la royauté ne trouverait pas encore autour d'elle des éléments propres à la couvrir. Les parlements subsistaient; ils s'étaient élevés d'eux-mêmes comme un intermédiaire légal et naturel entre les rois et les peuples; c'était par eux que l'on pouvait encore restaurer le principe héréditaire, soutenir l'autorité royale et reconstituer la France. Mais on se plut à les écraser, on leur ferma la bouche, et Louis XIV personnifiant l'État dans la monarchie, la monarchie dans sa personne, pensa avoir atteint le but le jour où il s'écria : « L'État, c'est moi ! » Il fut hors de toute vérité; la révolution se présenta comme la conséquence terrible des efforts de ce système rétrograde contre une société progressive. De nos jours, la Restauration a tenté de se replacer sous l'égide du droit divin. Elle est tombée sans cause extérieure, et sa chute doit servir à constater cette vérité naturelle d'ailleurs, qu'un gouvernement doit, pour se maintenir, être en harmonie avec la société qui le reconnaît.

Le retour des Bourbons a été le fruit d'une réaction temporaire.

Ici, je me sens arrêté par l'objection d'un légitimiste moderne : « Quoi, me dit-on, la Restauration n'a-t-elle pas été le salut et le vœu du pays? N'a-t-elle pas comblé de joie la majeure partie de la population, dissipé les inquiétudes, ramené la prospérité? Telle qu'elle était, elle fût un besoin.» Je ne veux pas le nier; mais sachons distinguer entre des besoins permanents et vrais et des besoins éphémères, factices, pour ainsi dire, qui résultent de mouvements oscillatoires; ceux-ci font dépasser le terme, et engendrent les réactions. La révolution de 93 avait déjà acquis le principe de la souveraineté du peuple, mais cette conquête n'eut rien de stable, parce que, se séparant avec effort d'une vieille monarchie, la société fut entraînée par sa propre impulsion et jetée hors de toute limite. Des excès inouis remplacèrent d'anciens abus, une réaction dut survenir. Il y a longtemps que l'on s'est accordé à reconnaître l'écueil de l'absolutisme en face de celui de l'anarchie.

C'est ainsi que l'Empereur a détrôné la révolution. Lui-même a produit par son absolutisme et ses conquêtes le revirement qui ramena deux fois les Bourbons, événement fortuit et singulier dans l'histoire. Le temps qui termine l'amplitude de toute oscillation, a fait de leur dernière chute un événement trop facile pour qu'il soit encore réactionnaire.

Quelques départements ont gémi de voir s'éloigner la race royale; mais la force sociale en France, à peine troublée par les sympathies qu'ils manifestaient ou par les vieux principes dont ils cherchaient à prolonger l'existence, a soufflé cette dernière illusion.

C'est cette force qu'il faut bien reconnaître : il faut même s'y associer, *en ce qu'elle a de légitime*, sinon l'on se sent écrasé par le mouvement public, et l'on meurt comme l'on a vécu, membre inutile du corps dont on fait partie.

ıcipe de la
aineté du
.—Erreur
ıdances du
ne[illegible]entac-

Tous les autres faits qui se rapportent à nos catastrophes politiques se présentent comme accessoires de ces faits principaux. Les unes ont accéléré, d'autres ont retardé les chutes; mais il faut le reconnaître : au travers de luttes perpétuelles et d'une masse d'incertitudes, la civilisation moderne a conquis un principe : *celui de la souveraineté du peuple.*

Ce principe, je l'ai dit, est en lui-même rationnel, et il ne faut que développer utilement ses conséquences. On doit profiter de la leçon du passé pour ne pas remettre en péril par un développement erroné ou abusif l'œuvre de tant de siècles. Mais il ne faut pas non plus s'obstiner mal à propos dans une voie rétrograde, car le principe est plus fort que les hommes. Voilà ce que ne doivent point oublier les gouvernements d'aujourd'hui.

Leur système représentatif était vicieux avant que de naître. Système de transition, il s'est déjà démoli pièce à pièce entre leurs mains. L'hérédité de la pairie leur a été enlevée par la force des choses. Une société qui ne veut plus même de corps politique héréditaire, n'admettra pas toujours l'hérédité toute exceptionnelle du trône. L'éclectisme politique et rationnel ne peut guère se résoudre à assumer sur lui les chances de l'hérédité monarchique *. Et pourtant, en face d'une situation de pays telle que le nôtre, on pense à doter les princes sur les fonds de l'État, on laisse voir des velléités d'absolutisme. Ce n'est plus aujourd'hui le temps où les rois ne recevaient de leçons que celles de l'orateur sacré parlant au nom du Dieu vivant et de la poussière des tombeaux. Ce sont les peuples qui de nos jours se dressent contre les gouvernements et qui leur disent ; *Et nunc reges intelligite, erudimini qui judicatis terram.*

Résumer ces enseignements sévères, et en faire ressortir toute la portée, c'est le but que je me suis proposé ; tous ne sont pas également importants ni tous également litigieux. Je n'aborderai point ceux au sujet desquels toutes les opinions s'accor-

* C'est ce qui fait que les peuples civilisés qui ont conservé la royauté héréditaire comme nécessité sociale, ont réduit son rôle et ont gardé le nom et la représentation plutôt que l'autorité elle-même. Cela est vrai au plus haut degré dans la constitution actuelle de l'Angleterre. Il y a tout un parti en France qui se propose un pareil résultat pour but de ses efforts. Ce parti a compris le mouvement social et s'en rapproche en effet. Mais lorsqu'il ne restera plus de la royauté qu'un vain simulacre, il est très peu probable que ce simulacre même soit longtemps respecté. C'est la force aristocratique de la société qui l'a maintenu en Angleterre, parce que l'aristocratie incline peu vers les changements. En France, cette force n'existe pas.

dent; et parmi les devoirs et les conditions réciproques qui fondent la société, le gouvernement, l'individu, je choisirai spécialement ceux du gouvernement envers la société et ceux des individus envers le gouvernement. Ces deux points sont à l'ordre du jour; ils constituent presqu'à eux seuls le terrain brûlant de nos discussions actuelles. C'est dans cette lice que chacun doit s'armer de courage afin de répudier le masque des partis. Le seul moyen de s'entendre et d'assurer le triomphe de la raison, c'est d'entrer franchement en compte avec elle, c'est de ne lui refuser aucune des concessions qu'elle exige. Puissé-je en avoir donné l'exemple.

CHAPITRE IV.

Devoirs du Gouvernement envers la société.

bjet de l'his-
n, du publi-
et du législ-
r.

Exprimer d'une manière exacte et supérieure à toute discussion les faits et l'état social des peuples aux différents âges, tel est le travail de l'historien. Estimer, relativement à ces faits et à cet état, les causes dont ils dérivent, est le travail du publiciste. Profiter de ces observations pour régler les meilleures institutions qu'une société puisse recevoir, est le soin du législateur et du gouvernement qu'il destine à appliquer ses prescriptions et à constituer son œuvre.

Dans les chapitres précédents, nous nous sommes efforcé de constater notre *état social*, et les recherches auxquelles nous nous sommes livré nous ont constamment ramené vers ce point. La connaissance de l'état social est en effet, comme je l'ai fait voir, la base la plus indispensable pour la stabilité de toute constitution législative. Mais après ce point de départ, la tâche du législateur ou celle du gouvernement constitué demeure encore tout entière. Il est très difficile de procéder dans la voie de la certitude. Toutefois, comme c'est peu que d'indiquer les maux si l'on n'indique aussi les remèdes, essayons d'aborder les questions de la législature.

La tendance que manifestent de nos jours les peuples les plus civilisés à secouer le joug des priviléges sociaux et, par exemple, à renverser *toute hérédité de pouvoir* est, comme je l'ai fait ressortir, une tendance en rapport avec le rationalisme de l'époque. Les rois même qui se sont vu enlever pièce à pièce et par la force des choses l'hérédité de tous les corps gouvernants institués dans le principe, s'imaginent encore qu'ils sauveront l'hérédité de leurs trônes au milieu de ce naufrage. Ils se trompent. Placés sur le sommet d'une montagne dont un torrent mine sans cesse le pied, ils y multiplient de frêles constructions qui semblent seulement destinées par leur chute à produire plus de fracas. La Restauration est tombée tout en invoquant le droit divin et en réfléchissant aux moyens de ressusciter un droit d'aînesse ayant trait à des charges publiques. Ceux qui lui ont succédé et qui pendant quelques jours ont pu représenter assez exactement l'état social en France et le principe de la souveraineté du peuple, se sont jetés dans les mêmes tendances; et pourtant, le principe est acquis. C'est lui qui doit aujourd'hui servir de base, et la force sociale ne se trouve point au dehors. Il écrasera donc ceux qui, parvenus au pouvoir, voudront le répudier, parce que dans leur sens il ne leur permet pas de s'élever assez haut. Nos gouvernants actuels ne songent qu'à déplacer sa force; ils veulent la ramener au principe de la légitimité, et faire parler celui-ci en leur faveur; ils ne visent qu'à fonder une dynastie, et où cela les mènera-t-il? La société les verra tomber et ne mourra pas.

C'est ainsi que les gouvernements s'éloignent, par des intérêts temporaires et privés, de leurs devoirs permanents et publics. Tandis qu'ils s'ébranlent d'eux-mêmes, ils se font un point d'honneur de nier que l'on puisse mettre en question leur existence, et négligent à cet égard tous les avis qui leur parviennent. Le déchaînement de la presse, la difficulté toujours croissante de se constituer des majorités, l'élection populaire remplissent de plus en plus les bancs de l'opposition. Tout cela constituait sous la Restauration des symptômes menaçants qu'une prospérité matérielle, si brillante qu'elle fût, ne devait pas dissimuler, et devant lesquels on a bien osé s'écrier que l'événement de 1830 était un accident. Et voilà pourquoi le passé manque de leçons pour tout le monde. Doit-on mettre son amour-propre à nier l'évidence? Le gouvernement de Louis-Philippe subit aujourd'hui les mêmes phases, et se fait les mêmes illusions. Oh! qu'il y a d'aveuglement dans les hommes, et de lumières dans les choses! De bonne foi, que faut-il de plus pour convenir que devant un état social tel que le nôtre, le fait de savoir à qui doit revenir le trône est en lui-même une puérilité, et que la question des personnes est nulle à côté de la question des choses.

Les gouvernements actuels doivent adhérer au principe de la souveraineté du peuple.

Voici donc où j'en arrive: Un gouvernement quelconque étant obligé par devoir, comme aussi par le sentiment de ses premiers intérêts, de s'associer aux tendances morales et rationnelles de la société qu'il régit, rien ne peut être désormais constitué en France que par le principe de la souveraineté populaire. Je ne sais si je me trompe, mais je ne crois pas avoir laissé d'obscurité à cet égard. Au reste, il ne suffit pas de démontrer qu'une autre base n'est ni applicable ni possible, il faut aussi que l'on comprenne le moyen de constituer avec celle-ci. Il faut répondre à ceux qui supposent que des idées telles que les nôtres sur l'état social mènent droit à la loi agraire et à l'anarchie.

souveraineté peuple n'est essentielle- t l'anarchie.

A cela, je puis objecter que j'ai dès l'origine renié l'analogie du pouvoir public et des fortunes particulières. La loi agraire n'a jamais rien fondé. C'est une vérité d'expérience, et elle tombe d'elle-même, lorsque l'on considère que son œuvre est essentiellement éphémère par le seul fait de la nature qui place l'économe à côté du dissipateur. Le principe de la souveraineté du peuple entendu dans ce sens, serait un dissolvant au lieu d'être un lien. S'il devait en être ainsi, il y aurait erreur, à coup sûr, à le regarder comme un besoin de nos sociétés contemporaines. Il faudrait repousser l'adage : *Vox populi, vox Dei*.

principe peut ver son appli- n vraie dans uffrage uni- l bien conçu.

Ce qu'il faut entendre par la souveraineté du peuple, c'est la souveraineté de l'état social : c'est son intervention ou sa représentation assurée dans le gouvernement.

Eh bien! me dira-t-on, c'est dans le suffrage universel que réside cette représentation effective. Ceci veut être discuté.

Par le suffrage universel, qu'entend-on? Veut-on que tous les citoyens d'un même état apportent leur vote, au même titre, pour s'élire un gouvernant? On va voir où cela conduit. Dans un pays étendu comme le nôtre, une majorité relative qui ne sera elle-même qu'une minorité eu égard à la masse des suffrages, dominera tout le reste; la nation en masse semblera protester contre elle. Trop de gouvernements ont laissé derrière eux des sympathies froissées de leur chute, trop d'idées différentes ont rencontré faveur et prosélytisme pour qu'il soit permis de supposer qu'une élection née de ce système prenne racine dans l'opinion. D'ailleurs, que d'absurdités choquantes! On pèserait au même poids, on confondrait dans la même unité civique les lumières et l'ignorance, l'existence intéressée au maintien et celle qui n'y prend aucune part, l'homme intègre et le mercenaire!... Sorte de loi agraire dans le sens politique, véritable imposture pratiquée par certains hommes avides du pouvoir au moment où la lassitude des partis, le besoin de repos, la crainte de l'envahissement, la renommée d'une victoire popularisent leur nom et fixent sur eux tous les regards.

Mais, alors, comment parvenir à une représentation suffisamment rapprochée de l'état social? La solution de ce problème nous paraît reposer dans le mode électif universel bien conçu.

Développement système élec-

Il faut prendre pour base ou pour unité élective une circonscription territoriale assez petite pour que tous ceux qu'elle renferme se connaissent. Partons de la commune et des autres délimitations que nos lois ont admises.

Chaque commune se réunit, nomme à la simple majorité un député pris dans son sein, qui se transporte au chef-lieu de l'arrondissement. S'il n'a pas la majorité absolue, il doit au moins réunir une minorité relative imposante, puisqu'entre gens qui s'apprécient, la valeur intrinsèque de l'individu et l'étendue de ses relations doivent sensiblement influer sur les suffrages qu'il recueille.

Les députés nommés ainsi s'assemblent au chef-lieu d'arrondissement pour en choisir un autre capable de représenter leur conseil au chef-lieu de la préfecture, etc... Ce système a été mille fois développé. La commune trouve sa représentation dans le conseil de ses députés, celui-ci dans un second conseil moins nombreux, et le dernier suffrage se présente ainsi comme l'expression d'un vote universel.

Voici comment ce système offre plus de garantie qu'un autre : Le principe social s'y développe en ce sens que tout ce qui, dans l'individu, peut s'appeler capacité électorale, concourt à l'élection. Instruction, considération personnelle, fortune industrielle ou territoriale, étendue des relations, tout fait poids dans la balance ; chacun ne se déplace que dans le cercle étroit de ses habitudes journalières pour le premier scrutin. Cette condition est essentielle à remplir ; elle seule permet à tout le monde de prendre part au vote.

Quelque chose d'analogue se passe relativement à la seconde assemblée. La bonne composition de la première est une garantie pour celle qui vient après, et ainsi de suite.

A ce système, on peut bien objecter que le plus riche d'une commune gagnera ses commettants pour se faire élire. S'il en devait arriver ainsi, ce serait sans doute un vice, mais ce ne serait pas une cause de destruction puissante; car les hommes qui dans l'œuvre sociale apportent le plus gros enjeu, sont les moins susceptibles d'être corrompus; ils offrent à la société de précieuses garanties. Mais comme nous sommes loin de vouloir admettre un principe de corruption, même sous la restriction d'une utilité temporaire, il faut voir si cet inconvénient peut être évité.

Or si l'on multiplie suffisamment les degrés d'élection, l'achat des votes devient impraticable par l'immensité des sommes qu'il faudrait y consacrer. Pour obtenir le suffrage d'un seul député d'arrondissement, il faudrait tenir dans sa propre dépendance la majorité des communes qui le composent. Pour s'assurer celui d'un délégué du second ordre, il faudrait s'assurer de toutes les communes dont les arrondissements relèvent d'une même préfecture.

Enfin, la question du temps peut être elle-même une sauvegarde contre la corruption électorale; car si l'on fait succéder avec un certain degré de rapidité les élections des cantons à celles des municipalités, celles des chefs-lieux à celles des cantons, il devient matériellement impossible à un individu d'accaparer les voix et de diriger les résultats.

Ainsi, dans ce système électif, l'état social consacrerait lui-même toutes ses garanties; et personne n'aurait le droit ni le pouvoir de s'irriter contre une législation qui ne connaîtrait originairement aucun privilége individuel.

Il y aurait à statuer encore sur une multitude d'objets ; mais cet aperçu met déjà le système suffisamment à jour. On conviendra sans beaucoup de peine que la nomination d'une chambre de députés et l'abaissement du cens, sont des pas mal assurés dans cette direction ; ce système est encore dans l'enfance, mais il a de l'avenir ; il prévaudra en se modifiant et s'étendra sans doute jusqu'au souverain pouvoir.

Il est une autre question qui, dans nos débats politiques, marche de front avec la question électorale. C'est la question d'enseignement.

Elle va donc être débattue et jugée, cette grande question sociale. Elle va d'abord s'éclairer de toute la lumière de nos discussions de tribune ; elle va enfin se résoudre soit en thèse générale, soit en application modifiée en face des besoins de l'époque, des droits acquis et des restes encore subsistants de nos institutions anciennes.

C'est bien là ce qu'on devrait attendre, et cela

ne sera pas. Il est du ressort de nos gouvernants mercenaires d'étouffer toutes les questions et de ne jamais les résoudre. Le système interviendra, fort de son impuissance et glorieux comme d'une victoire de son silence anti-parlementaire.

Héritiers frauduleux d'une révolution que vous n'avez point faite, rompez enfin ce silence, dites-nous qui vous êtes, avouez un titre. Vous n'êtes pas le pays qui vous supporte, vous n'êtes pas la révolution qui vous renie ; enfin, vous n'êtes pas la légitimité après laquelle néanmoins vous aspirez peut-être encore.

CHAPITRE V.

Devoirs des individus envers le Gouvernement.

Devoirs des individus.

Les devoirs des individus envers les gouvernements ne se dessinent pas avec moins de rigueur que ceux des gouvernements envers les sociétés.

Il se présente ici deux cas à considérer : 1° Celui où le gouvernement subsiste en harmonie complète avec l'état social. 2° Le cas plus fréquent où sa constitution le place en dehors de cette harmonie si désirable.

Cas où le gouvernement se trouve en harmonie avec la société. — Deux hypothèses relatives à ce cas.

Le premier cas est simple. Nos principes, s'ils ont été compris, subordonnant toujours l'individu à la société, ne permettent pas que l'on hésite à reconnaître un gouvernement qui offre en lui la représentation effective de l'état social. Ce n'est pas de sa part que l'on pourra s'attendre à de tristes réalités que j'ose à peine décrire. Le verrait-on, je le demande, endormir la nation, s'inféoder les intérêts en les ramenant vers sa personnalité, exploiter le besoin du repos en étouffant l'énergie, et par la plus triste combinaison, régner par le sentiment de la peur? C'est la pire de toutes les situations sociales.

Peut-on bien s'étonner qu'une grande nation constituée sous un si déplorable régime, se place dans un état relatif d'abaissement et de petitesse indigne de sa gloire? Remarquez-le bien : Un semblable gouvernement, tant qu'il subsiste, ne jouit pas de la force de la nation, mais il imprime à la nation toute sa propre faiblesse. On peut se tromper aux apparences. L'étranger qui voit le pays dans une humiliation croissante, s'imaginerait facilement qu'un pareil état de choses lui ménage une proie certaine. S'il se levait alors, on pourrait assister à l'un de ces spectacles dont l'intérêt se grossit par la surprise. On verrait comment la Providence a souvent placé, dans l'excès du mal, le remède qui le guérit. Une révolution d'état renverserait d'abord ce système mal équilibré qui ne saurait inspirer de confiance, et le patriotisme réveillé par le sentiment du danger, ramènerait encore la force dans le pays et la gloire sous ses drapeaux.

Ai-je prétendu dire ici que ce gouvernement logique, qui représenterait la société dans la société même, et non pas un petit état dans un grand, serait de sa nature incapable d'erreur? Non, sans doute; mais de quelque manière qu'il agisse, le libre arbitre et le concours des citoyens ne s'exerce que dans un sens qui lui est favorable et non pas contre lui. Chacun est maître de son jugement, et s'il trouve que le gouvernement marche dans les voies logiques et sociales, il lui prête son appui, cela est évident. S'il le voit au contraire se créer d'autres errements, c'est le cas où il doit l'avertir, l'aider à réparer ses fautes, entraver ses écarts par tous les moyens dont il peut disposer, sans toutefois refuser l'obéissance ou proclamer l'insurrection.

Et pourquoi donc en user ainsi? qui l'y oblige? Le sentiment naturel, la conviction intime qu'on ne substituerait au gouvernement que l'on a, rien de mieux que lui-même. Ce sont de grandes raisons qui, sous l'empire de circonstances bien plus pénibles, ainsi qu'on le verra tout-à-l'heure, enchaîneront encore le bras du citoyen, quand il serait question de le diriger contre le pouvoir, et le feront plus d'une fois reculer s'il s'agit de rendre légalement impossible un système qu'il désapprouve. La vérité est que la société humaine doit être gouvernée par des hommes et non pas par des dieux; et toute institution humaine se trouve parfois nécessairement conduite dans les traditions de l'erreur.

Cas le plus ordinaire.

Tant que les devoirs des particuliers envers le gouvernement se confondent avec ceux que la nature impose envers la société même, les règles de conduite sont tracées. Je suppose maintenant le cas où le gouvernement existe dans des conditions étrangères à l'état de société qu'il régit. Les devoirs se compliquent.

Si cette dissidence excède certaines limites, la société forte d'elle-même, fait justice des gouvernements. Il faut qu'elle soit violemment comprimée ou singulièrement épuisée pour les souffrir. Mais, dans ces sortes de crises, les réactions font toujours dépasser le but. La société en reçoit des atteintes dont elle se remet avec peine. C'est ce qui fait que les hommes sensés hésitent à provoquer de pareilles ruptures.

Tant qu'elles n'ont pas eu lieu, le gouvernement, par des concessions bien ménagées, peut sauver à la fois son existence politique et la société qu'il régit; il peut, en se prêtant de lui-même à modifier ses institutions, en faisant les sacrifices nécessaires, adoucir les transitions, éviter les secousses, et mériter encore l'estime et l'appui des gens de bien. C'est par cette raison qu'il faut user d'une si grande réserve, pour le considérer comme étant parvenu à cette position tout exceptionnelle où la lutte est ouverte. On doit autant qu'on peut le ramener vers la concordance avec l'état social, le soutenir dans les pas qu'il tente vers ce but, et lui concilier les partis. Mais il est également du devoir de s'opposer à lui lorsqu'il se jette dans une voie dissidente, lorsqu'il se fait le promoteur de mesures anti-sociales.

plication des cipes.

Il ne suffit pas d'exposer des théories que l'on pourrait traiter de rêves; il faut être précis en application : un exemple tiré de la situation présente mettra ma pensée dans tout son jour.

La branche aînée des Bourbons tombe en juillet 1830. Un principe semble triompher : celui de la souveraineté du peuple; mais il n'a pas encore acquis dans l'opinion publique une telle force qu'on admette sans restriction toutes ses conséquences. On peut croire que l'habitude des formes monarchiques les rend, tout usées qu'elles sont, nécessaires au pays. La question, d'ailleurs, n'est pas toute intérieure : elle se complique d'une situation extérieure propre à motiver la conservation d'un trône. Bref, une monarchie a reparu. Faut-il, parce qu'on la suppose en dehors du mouvement social, la combattre de toutes ses armes? faut-il lui refuser l'impôt? Ce serait à coup sûr précipiter les choses et mettre la nation en péril, la société elle-même en question. Il est bien plus à propos de croire que cette monarchie tempérée n'est pas encore incompatible avec l'état social actuel, et que puisqu'il la tolère en effet, c'est parce qu'elle n'est pas en dehors des limites du possible. Un plus grand mal pourrait surgir des convulsions anarchiques. Il faut savoir attendre. Mais provisoirement il est juste de se tenir en garde contre les envahissements du pouvoir. On doit lui refuser des garanties contre la société, s'il en demande. Il fallait, par exemple, rejeter sans hésitation sa loi des fortifications de Paris. De pareilles choses ne font que rendre l'opposition plus forte et plus longue : la secousse est plus rude quand le travail de la société a ruiné cette stabilité factice.

Point de rallie- nt des opinions leur divergen- nécessaire ou bable.

Si tous ceux dont les intentions sont droites s'entendaient sur ces principes, il y aurait dans un état un *parti social* plus fort que tous les partis, et le gouvernement se verrait incessamment sollicité à procéder en rapport avec les besoins de la civilisation et de l'époque.

Il faut en toute circonstance se placer au point de vue social, régler d'après lui sa marche propre, et choisir ses positions. Ce principe est essentiellement de nature à servir de drapeau, à rallier toutes les opinions; et nonobstant cette bannière, il pourra demeurer encore dans les applications individuelles une grande diversité de partis. L'éducation, le jugement, le libre arbitre, la conscience traceront souvent des routes différentes.

Opinion per- nnelle touchant gouvernement tuel.

Pour moi, jugeant que le gouvernement actuel agit trop en dehors de l'état social et de ses tendances, pour que l'on puisse consciencieusement s'associer à son œuvre en participant à ses encouragements et à ses avantages, je ne saurais refuser mon assentiment à celui qui ne cherche et ne demande que les positions indépendantes, celles que le pays permet à tout citoyen de conquérir *, celles qui n'engagent pas à la reconnaissance envers le pouvoir, celles enfin qui ne sont point entachées de la faveur d'un système auquel ses sympathies ne sont point acquises **.

Ce terrain est celui où brille à mes yeux la plus grande générosité de sentiments ; l'avenir appartient à l'homme qui s'y place ; nul n'a le droit d'attendre de lui la moindre concession. Son opposition n'a rien de systématique, et son indépendance est le plus sacré de ses droits.

u serment po-ue ; — son ilité.

D'après les idées que j'émets, que dire du serment politique ?

On a déjà pu comprendre le vice de ces sortes de contrats *synallagmatiques*, et trop souvent équivoques ***, que l'on appelle des chartes, et qui n'offrent au fond que de médiocres palliatifs, incapables de déguiser de notables divergences, et con-

* Je ne vois dans ces conquêtes bien réelles qu'une sorte d'émancipation politique ; elle sert merveilleusement les hommes honorables qui veulent contribuer de leur personne à la prospérité publique, et facilite les devoirs au lieu de les compliquer.

** Si les partisans de l'état de choses veulent ouvrir les yeux, il leur est bien facile de reconnaître le peu d'acquiescement que le pays accorde à leur système, dans la répugnance que l'on éprouve à voir aujourd'hui le cumul de la députation avec les fonctions salariées. Cette répulsion est naturelle.

*** Témoin la Charte de 1814 et son article 14.

sacrant des permanences fausses et des abus croissants qui à la longue ne disparaissent que par des secousses. Ce qui serait dit à leur égard peut, sans forcer les analogies, s'étendre au serment politique. Il n'est que la contre-épreuve de ce contrat si épineux dans ses formes, si restrictif dans ses clauses.

En deux mots, s'il n'ajoute rien au devoir, il doit paraître superflu; s'il est anti-social, il faut le rejeter.

C'est envers le gouvernement qu'il se prête; on doit bien le remarquer. Or, si le gouvernement est en rapport avec l'état social, le serment n'est qu'une reconnaissance d'obligations déjà constituées, car, nous l'avons dit, alors les devoirs envers le gouvernement et envers la société, se confondent.

Si le gouvernement est en dehors de ces voies, le serment qu'il exige est une complication de plus dans des devoirs déjà difficiles. Complication de nature à embarrasser les individus, à les déconsidérer à leurs propres yeux, et nullement susceptible au point de vue moral, de tourner au profit du gouvernement qui l'impose. Car un serment ne peut, de sa nature, abolir des devoirs préexistants.

S'il devait tourner à l'encontre de ces devoirs, il n'aurait rien que d'illégitime *.

Il faut donc le reconnaître. Si dans l'acte du serment, le gouvernement demandait autre chose que la sanction du devoir envers la société, il lèverait l'étendard contre elle. Cette clause ne doit pas être admise. Donc le serment peut se prêter. Mais il est inutile.

* On ne trouve point de question qui en intéressant le gouvernement n'intéresse la société, car l'intérêt même du gouvernement constitué est toujours en jeu dans l'intérêt social, puisque sa conservation ou son renversement, sa marche pénible ou facile ne peuvent être sans conséquence pour la société elle-même. Aussi, soit que l'on considère le serment politique en lui-même, soit qu'on y voie la contre-partie d'un pacte que le gouvernement pourrait violer le premier, on arrive toujours à la même conséquence : l'inutilité.

CONCLUSION.

Puissé-je, en terminant cet écrit, laisser le lecteur convaincu des principales vérités dont j'ai franchement abordé la recherche! Je crois avoir prouvé que la souveraineté du peuple est en fait comme en droit le principe le plus nécessaire, le plus fécond et le moins contestable.

Puissé-je avoir ranimé le courage de ceux qui se laissent trop facilement persuader que l'état périclite et que la société ne cherche qu'une ancre de salut. La société est forte et les gouvernements seuls sont dans une situation précaire. C'est que pendant que toutes les institutions humaines se perfectionnent, eux seuls, au milieu de ce travail, veulent demeurer stationnaires, et se font dériver d'institution divine afin de jeter sur eux-mêmes le manteau du prestige et d'autoriser leur stagnation.

Ils se perdent ainsi dans les efforts mêmes qu'ils font pour se rendre indépendants, en fait et en principe, des sociétés qui les reconnaissent. Ils veulent faire de cette indépendance le principe de leur stabilité, et ils édifient alors sur des volcans sans cesse en éruption.

Puissé-je, lorsque je sacrifie sans répugnance et sans regret tout ce que ma raison m'oblige à concéder, obtenir en échange la patience et le courage de l'expectative chez ceux qui sont pressés de faire table rase, et replacent constamment le progrès dans des voies réactionnaires où il peut s'égarer.

Puissé-je enfin, par une subordination convenable et raisonnée des intérêts, avoir fait parler le devoir et le sentiment de la communauté, partout où l'arbitraire aurait pu d'ailleurs faire agir les esprits et séparer les individus.

Je serai sûr d'avoir été compris, si celui qui me lit veut bien reconnaître en moi le désir sincère de jeter mes efforts dans la masse de ceux qui concourent au bien-être de l'humanité. Le plus ardent de tous mes vœux, c'est que chacun sache désormais apprécier dans sa vie cette position constante et sans cesse renouvelée, où parmi tout ce qu'il peut faire, quelque chose se dessine comme étant plus en rapport que tout le reste avec la raison et les nobles sentiments. Rien ne manquerait au but que j'aurai toujours devant les yeux, si l'intérêt social combiné avec les lois d'une morale pure devenait la première base de toutes nos actions; car c'est ainsi qu'il faut entendre l'adage : *Salus populi suprema lex esto.*

FIN.

www.ingramcontent.com/pod-product-compliance
Ingram Content Group UK Ltd.
Pitfield, Milton Keynes, MK11 3LW, UK
UKHW020932180726
13838UKWH00002B/903